Género Ficción realista

Pregunta esencial
¿Qué nos puede hacer cambiar de idea?

El caso del poeta

Claudia María Ramírez
ilustrado por Erik Riveros

Capítulo 1

El caso del poeta

El detective Daniel Beltrán y el abogado Francisco Jiménez fueron compañeros de estudio en la facultad de Derecho. Francisco había sido un estudiante destacado que se graduó con honores. Daniel no había sido tan disciplinado como Jiménez, pero siempre había demostrado ser muy analítico, inclinándose por la investigación. Como fueron buenos amigos durante la universidad, al graduarse se asociaron para fundar una firma de abogados.

Juntos eran capaces de encontrar una aguja en un pajar y de resolver los casos más extraordinarios. No en vano habían adquirido la reputación de ser los mejores en su área. Nunca habían perdido un juicio, aun en los casos más complejos.

La firma de abogados la iniciaron apenas terminaron los estudios universitarios. Al principio tuvieron pocos casos, pero después de diez años de trabajo duro, la firma Jiménez-Beltrán era una de las más solicitadas cuando se trataba de los casos más difíciles, en los que nadie se atrevía a trabajar por miedo a perderlos.

Un día, mientras veía las noticias, Francisco oyó el relato de dos mujeres que solicitaban ayuda porque su hermano había sido condenado injustamente y ahora estaba en prisión. ¿El delito? Girar cheques sin fondos.

Durante la entrevista, las mujeres insistieron en la inocencia de su hermano, además dijeron que la sentencia del juez ya había sido pronunciada, pero aún se podía apelar el veredicto y volver a abrir el caso.

Las mujeres lucían preocupadas y convencidas de la inocencia de su hermano Jacobo Martínez: un poeta reconocido en los círculos literarios.

A Francisco le impactó la noticia y salió a caminar por la ribera del río para pensar mejor en el caso. La entrevista no daba detalles suficientes, y él quería investigar más.

Mientras caminaba por la ribera, Francisco vio una botella y la recogió. Adentro tenía un papel que decía: "Si te es posible, ayuda siempre a quien lo necesite".

En ese momento, Francisco cambió de rumbo. Se dirigió al canal de televisión. Allí obtuvo una copia de la entrevista y los números telefónicos de las mujeres entrevistadas.

Cuando Francisco regresó, vio la cinta de video con Daniel quien, como buen detective, analizó cada una de las palabras de las mujeres y la forma como decían "inocente" cuando se referían a su hermano. Por su parte, Francisco consultaba los libros de leyes.

Detective del lenguaje	**Identifica la función de los dos puntos en el texto subrayado.**

Después de comentar el caso, Francisco y Daniel tomaron la decisión de ponerse en contacto con las mujeres y ayudarlas a demostrar la inocencia de su hermano.

Francisco y Daniel fueron a la casa de las hermanas de Jacobo Martínez.

—Jacobo es un gran poeta —comentó Paula, una de las hermanas—. Lo incriminaron por algo que él no sería capaz de hacer, señores. Sabemos que no lo haría, aunque se estuviera muriendo de hambre. Estamos completamente seguras de eso.

—¿Es posible que ustedes tengan copia de los cheques sin fondo? —preguntó Daniel.

—No la tenemos, pero supongo que el abogado que llevó el caso debe tener las copias —contestó Juana, la hermana menor de Jacobo.

—Será necesario llevar nuevas evidencias ante el juez —habló Francisco como si pensara en voz alta—, así reabrirá el caso… ¡Solicitaré la orden respectiva para hablar con Jacobo en prisión!

Continuaron la charla y las hermanas Martínez les contaron a Francisco y a Daniel acerca de la vida de su hermano. Hablaron del libro de poemas que estaba escribiendo. ¡Jacobo adoraba escribir, la lectura, las letras, las palabras y la naturaleza!

Capítulo 2
El poeta es enjuiciado

Francisco y Daniel regresaron a las oficinas de la firma Jiménez-Beltrán. Durante todo el recorrido en auto no hablaron de este nuevo caso porque cada uno estaba pensando en la forma de ayudar a Jacobo. ¡Cómo era posible que un hombre inocente estuviera en prisión! ¿Qué había pasado en el juicio?

Cuando entraron a las oficinas de la firma, Francisco dijo:

—Me pondré en contacto con el juez y solicitaré una entrevista con el poeta Jacobo Martínez.

—Veré los cheques —dijo Daniel—. Ahí debe estar la prueba reina, y analizaré las huellas dactilares… aunque… por haber estado en un banco será difícil identificarlas; debe tener muchísimas.

—El caso de Martínez es complejo —dijo Francisco—. Apelar un caso significa… que esta es nuestra última oportunidad de demostrar su inocencia. Realiza una ardua investigación. Cuando hayas reunido datos suficientes, yo me encargaré de demostrarle la inocencia de Jacobo al juez. Debemos ser más cuidadosos de lo que somos a diario.

—Por eso, querido amigo, ¡manos a la obra! —respondió Daniel con evidente energía y una sonrisa al final de su curiosa expresión.

Francisco se entrevistó con Jacobo en prisión.

—Como sabrá, señor Jiménez, me inculparon por diez cheques que supuestamente firmé —dijo Jacobo con gran pena mientras sus ojos se llenaban de lágrimas—. Yo no los firmé, se lo aseguro. Cuando los mostraron en la corte quedé sorprendido: era mi firma, pero yo no la había hecho. ¡No los firmé! ¡No lo hice!

—¿Cómo explica entonces su firma en los cheques? —preguntó Francisco con seriedad.

—Si lo supiera… Lo más asombroso del caso es que hay testigos oculares —dijo Jacobo abriendo muy bien sus ojos marrones—. Los testigos dicen que me vieron firmando los cheques, además, mi firma está allí. Le aseguro que no fui al banco en esos días ni firmé esos cheques. ¡No soy un estafador! Solo soy un poeta, amante de los libros y de la naturaleza.

Detective del lenguaje	**Identifica el sujeto y el predicado en la oración subrayada.**

La entrevista con Jacobo en prisión fue corta, y Francisco regresó de inmediato a las oficinas de la firma Jiménez-Beltrán, hizo el informe y le comentó a Daniel la charla que sostuvo con Jacobo Martínez.

Francisco regresó a la prisión y entrevistó a Jacobo de nuevo.

—Según lo que me dijo ayer —inició Francisco—, usted estuvo en la corte. Allí presentaron dos pruebas contundentes: una prueba física, los cheques, y unos testigos oculares, las personas que lo vieron.

—Así es, señor Jiménez, pero, insisto, no lo hice —respondió Jacobo con un poco de desesperación y angustia.

—¿Cuántos testigos? ¿Los videos de seguridad del banco? ¿Dónde estaba usted en esos días?

Jacobo le relató, de nuevo y con asombro, lo sucedido en la corte y en qué lugar se encontraba los días en que se firmaron los cheques. Francisco lo oía con gran atención pues quería saber qué había pasado.

Capítulo 3
Martínez en prisión

Mientras Daniel y Francisco recolectaban pruebas suficientes para apelar la sentencia y reabrir el caso, el poeta Jacobo Martínez seguía en prisión, encerrado entre las paredes heladas y los barrotes de hierro. Sin embargo, Jacobo seguía escribiendo e imaginaba cómo sería su vida fuera de ese lugar, pues le gustaba soñar e imaginar, pero debía vivir en la realidad que ahora estaba afrontando: la prisión.

Jacobo se hizo amigo de Pedro, uno de los guardias de la prisión, y conversaban con frecuencia sobre temas diversos.

Algunas de las conversaciones eran sobre las lecturas favoritas de cada uno. Al policía le gustaban mucho las novelas policiacas, con fugitivos, delitos, detectives, misterio y policías que ponen orden. A Jacobo le fascinaban los libros de poesía que hablaban de la naturaleza, el amor y la vida.

En prisión, los detenidos podían dedicar el tiempo que desearan a la lectura, por eso pasaba a diario un guardia con un carro lleno de libros. Jacobo siempre escogía uno o dos. Pedro, el guardia que repartía los libros y Jacobo entablaban conversaciones interesantes sobre las historias que habían leído.

En ocasiones, Pedro les relataba una de las novelas que había leído para que el guardia y Jacobo descubrieran quién había sido el verdadero culpable.

—Las novelas de detectives y misterio son como los rompecabezas —decía el policía mientras los ojos se le iluminaban detrás de los gruesos anteojos—. Debes esperar pacientemente a encontrar la ficha adecuada. Muchas se parecerán entre sí, pero entre los detalles encuentras la solución. Si te precipitas y no haces un análisis de la situación, la ficha no encaja. Si te desesperas, todas las fichas parecerán ser iguales y no avanzarás. La clave es tener paciencia, esperar y observar cada uno de los detalles.

Detective del lenguaje

La oración subrayada tiene una frase separada por comas, ¿cuál es la función de las comas?

Mientras tanto, Francisco y Daniel seguían recolectando pruebas suficientes para reabrir el caso y apelar la sentencia. Trabajaban contrarreloj, con astucia e inteligencia.

Francisco entrevistó en repetidas ocasiones y con gran insistencia a los testigos oculares, quienes le dijeron, una y otra vez, que habían visto a Jacobo firmar los cheques. ¿Cómo era posible que Jacobo estuviera en el banco y firmara unos cheques cuando él mismo aseguraba que no había hecho ninguna de las dos cosas?

El caso parecía cerrarse lentamente. Los días transcurrían y Francisco veía que los testigos decían la verdad: no se contradecían y no dudaban al contestar.

La única prueba que quedaba era el video de seguridad del banco, por ello, Francisco pidió la orden judicial para poder verlo. Cuando él y Daniel lo examinaron quedaron asombrados: ¡Jacobo estaba en el banco y firmaba los cheques!

Sin embargo, Daniel notó un hecho importante: la persona del video firmó con la mano derecha, mientras que Jacobo era zurdo, escribía con la mano izquierda.

¡Podrían reabrir el caso! Esta prueba era suficiente. Habían encontrado la aguja en el pajar.

Detective del lenguaje

El texto subrayado es el predicado de la oración. ¿Puedes identificar otros predicados en esta página?

Capítulo 4

Se descubre la verdad

Antes de llevar la prueba ante el fiscal y que este se la comunicara al juez, Daniel quería recolectar más evidencias que demostraran la inocencia de Jacobo, pues no podían arriesgarse a que la prueba del video no fuera suficiente. Solicitó, entonces, los cheques que supuestamente había firmado Jacobo y le pidió que hiciera su firma en una hoja muchas veces.

Con esta prueba, Daniel pretendía analizar la letra en ambos casos. A simple vista, las firmas eran iguales, parecían ser de la misma persona, pero Daniel se dijo: "Si el del video es diestro y Jacobo es zurdo, debe haber diferencias. ¡Las encontraré!".

En efecto, Daniel hizo pruebas con las firmas y se dio cuenta de que la de los cheques estaba derecha, mientras que la firma de Jacobo tenía una leve inclinación, típico en las personas que escriben con la mano izquierda. Además la "b" de Jacobo era más pronunciada que la de los cheques. ¡Daniel encontró otra prueba! No había duda en la inocencia de Jacobo.

La imitación de la firma era excelente, el falsificador debía ser un profesional.

Francisco y Daniel se dirigieron donde el fiscal para presentarle estas dos nuevas pruebas. El fiscal le informaría al juez, quien decidiría si era necesario reabrir el caso o retirarle las acusaciones al poeta Jacobo Martínez y dejarlo en libertad.

Detective del lenguaje

Identifica el predicado en el texto subrayado.

El fiscal vio las pruebas: el video y los detalles en la escritura. La sala se quedó en silencio y a la espera de la determinación que se tomaría.

—Las evidencias que ustedes me traen son… —el fiscal hizo una pausa larga antes de terminar la oración—, son claras. Al señor Martínez se le ha acusado injustamente. Hablaré con el señor juez sobre el caso y les informaremos en unos instantes.

Ese mismo día, el poeta Jacobo Martínez, sus hermanas y Francisco estaban ante el fiscal firmando la salida del poeta. No hubo necesidad de realizar un nuevo juicio. Las pruebas eran suficientes y no había ninguna duda.

Daniel no los acompañó, quería cerrar el caso definitivamente y para ello debía saber quién se había hecho pasar por el poeta Jacobo Martínez. Seguía buscando en el video de seguridad del banco, pero no encontraba ninguna pista adicional.

Pocos minutos después de que Jacobo llegara por fin a su casa con Paula y Juana, Daniel arribó también.

—Creo saber cómo atrapar a la persona que metió a Jacobo en semejante problema —manifestó Daniel después de saludar y recibir a Jacobo con un gran abrazo.

—¿Cómo es posible? —repuso Juana.

—Si no lo atrapamos ahora, será imposible hacerlo más adelante. Además, siempre hay que resolver todos los misterios y hacer justicia. Jacobo estuvo en prisión por un delito que no cometió y, en este momento, el verdadero culpable puede estar pensando en firmar otro cheque que comprometa a Jacobo.

Daniel les comentó cada detalle de lo que realizarían al otro día, y también les informó de su plan a los trabajadores del banco y a la policía. Todos estaban enterados de lo que debían hacer.

A la mañana siguiente, el noticiero dio una noticia asombrosa: "el poeta Jacobo Martínez ha sido puesto en libertad y se le han retirado los cargos. Para compensar la injusticia que se ha cometido en su caso, se le pondrá en su cuenta bancaria una gran suma de dinero".

“Ningún ladrón perdería la oportunidad de adquirir esta suma de dinero y más cuando sabe cómo hacer la firma para retirarlo con facilidad y sin sospecha”, pensó Daniel mientras la presentadora de noticias daba la información.

Ahora era necesario esperar. Después del aviso, los policías y los trabajadores del banco debían estar atentos. Paula, Juana y Jacobo esperaban en su casa y no salían de allí pendientes de los movimientos del estafador. Daniel estaba en el banco.

De repente, un hombre con las mismas características físicas de Jacobo entró al banco. Daniel sintió que un escalofrío recorría su cuerpo porque justo enfrente de él estaba el verdadero culpable de la falsificación y la estafa.

El hombre se acercó a la caja, se identificó como Jacobo Martínez y solicitó la suma de dinero. Antes de hacer algún procedimiento, la persona encargada le solicitó que firmara un documento. El hombre lo hizo con la mano derecha. En efecto, era el hombre que buscaban.

En ese momento, la policía lo arrestó por el delito que había cometido.

Al día siguiente, Jacobo debía ir a declarar. Cuando lo hizo vio al hombre que le había robado su identidad. Era el hombre que le había reparado su escritorio meses atrás. Jacobo recordó que en esa ocasión él le pagó con un cheque. Ahí estaba su firma. Y al verlo ahora no recordaba que tuvieran un parecido tan extraordinario.

BANCO

Respuesta a la lectura

Resumir

Usa los detalles más importantes de *El caso del poeta* para resumir qué nos puede hacer cambiar de idea. Usa el organizador gráfico como ayuda.

Evidencia en el texto

1. ¿Cómo sabes que *El caso del poeta* es un cuento de ficción realista? Identifica tres características que lo indiquen. **GÉNERO**

2. Identifica el problema al que se enfrentaron Daniel y Francisco. ¿Cómo lo solucionaron? **PROBLEMA Y SOLUCIÓN**

3. En la página 2 aparece el siguiente modismo: "encontrar una aguja en un pajar". ¿Qué significa? **MODISMOS**

4. ¿Cómo confirmó Daniel que alguien había falsificado la firma de Jacobo? Escribe un informe para presentarlo como prueba del caso. **ESCRIBIR SOBRE LA LECTURA**

Género | **Texto expositivo**

Compara los textos

Lee acerca del uso de la firma como evidencia de identificación de una persona.

Las firmas

¿Sabías que no todos escribimos de la misma forma? Cada uno de nosotros tiene un trazo especial cuando escribe las consonantes y las vocales, y, por lo tanto, cuando escribe su propia firma. Por esto, se pueden comparar textos y saber si una persona escribió o firmó un documento, o si es una falsificación.

La disciplina que compara los trazos o líneas de la escritura de las personas se llama peritaje caligráfico. Peritaje quiere decir especialización o experiencia. La caligrafía es el conjunto de las características de la escritura de una persona.

A través del peritaje caligráfico se puede identificar la falsedad o autenticidad de cualquier firma.

Un investigador puede analizar las firmas y determinar si son falsas o no.

La firma es una identificación y, por lo tanto, nadie puede firmar por otra persona. Firmar en nombre de otro es un delito.

Cuando alguien firma por otra persona es como si dijera: "yo soy esa otra persona". La firma, como las huellas dactilares, pertenece única y exclusivamente a un solo individuo.

A través del tiempo, la falsificación de las firmas en los documentos se ha vuelto cada vez más sofisticada, más elaborada. Es muy difícil ver si es verdadera o falsa; por lo tanto, los investigadores se han visto en la obligación de desarrollar nuevas herramientas que permitan realizar un análisis más acertado. Usan equipos de alta tecnología que evalúan cada pedazo de los trazos, la unión entre las letras, el espacio entre palabras y hasta el punto de la i.

El peritaje caligráfico no solo es importante en los documentos legales o en las firmas de los cheques, también lo es en los documentos históricos. Por ejemplo, alguien puede crear un documento y decir que ese documento lo firmó George Washington. ¿Te imaginas cómo cambiaría la historia?

Nadie puede firmar por otra persona.

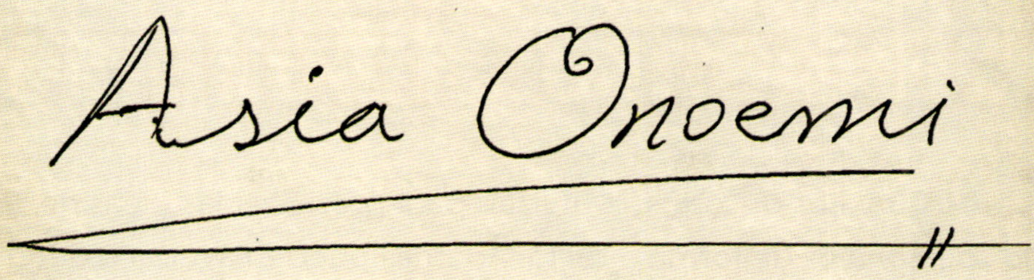

Esta firma tiene rúbrica: la doble raya bajo el nombre Asia Onoemi.

Firmar significa que una persona escribe de su propia mano su nombre y apellido en un documento, y al hacerlo dice: "yo leí este documento y acepto lo que en él se expresa". Así se hace responsable de lo que firmó.

A veces, la firma va acompañada de un rasgo o un conjunto de rasgos distintivos. Estos se conocen como rúbrica. La rúbrica puede ser una línea bajo la firma, un punto final, dos rayas o un adorno característico. Cada persona da un estilo particular a su firma, a su identificación escrita. ¿Cuál es tu rúbrica?

Haz conexiones

¿De qué manera el estudio de la escritura de una persona puede demostrar su inocencia o culpabilidad? **PREGUNTA ESENCIAL**

¿Qué pruebas aportó el peritaje caligráfico a la investigación del cuento *El caso del poeta*? **EL TEXTO Y OTROS TEXTOS**

Enfoque:
Elementos literarios

Diálogos Los diálogos se utilizan para presentar las ideas de los personajes de forma directa. Además pueden ayudar a definir su carácter y estado de ánimo. En los diálogos pueden participar dos o más personajes. En un texto, los puedes identificar porque están marcados con rayas de diálogo. También existen los monólogos en los que habla solamente un personaje.

Lee y descubre La manera más sencilla de saber quién está hablando es fijándose en las rayas de diálogo y en la conjugación del verbo *decir* : "—Veré los cheques —dijo Daniel—. Ahí debe estar la prueba reina, y analizaré las huellas dactilares…" (pág. 5).

El uso de diferentes verbos en los diálogos hace evidente el estado de ánimo o la manera en que el personaje está hablando: "—Las evidencias que ustedes me traen son… —el fiscal hizo una pausa larga antes de terminar la oración—, son claras" (pág. 12).

Tu turno

Imagina que estás escribiendo un cuento. Piensa en dos sucesos que podrían afectar a dos de los personajes de tu cuento. Escribe un diálogo corto apropiado para cada suceso. Une los diálogos, forma un cuento y dale un título. Compártelo con tus compañeros de clase.